Tatort Schriftstellerhaus Stuttgart

Widmar Puhl, Herausgeber

Wolfgang Brenneisen, Bilder und Gestaltung

Widmar Puhl (Hg.)

Tatort
Schriftstellerhaus Stuttgart

Poesie und Porträts

edition poethen's poeten

Wie alles begann 6

Wie alles begann

Alles begann mit einer Email an Astrid Braun und Moritz Heger am 18. August 2020, im ersten Sommer der Corona-Pandemie. Völlig falsch. Richtig muss es heißen: Alles begann im Spätsommer 1984. Da leitete Johannes Poethen, Lyriker und Vorsitzender des Vereins Stuttgarter Schriftstellerhaus, in dieser noch neuen Begegnungsstätte für Autorinnen und Autoren, das 1. Lyrikseminar der Bertelsmannstiftung im "Häusle", wie wir das kleine Fachwerkhaus seit der Eröffnung liebevoll nennen. Dass hier schon wahrlich Großes entstanden ist, mag der Hinweis verdeutlichen, dass viele der damals jungen Leute bis heute schreiben, teils Preise erhalten haben und sehr erfolgreich publizieren. So auch sieben der zwölf, die damals mit ihren Manuskripten nervös um einen großen Tisch mit Poethen saßen.

Das Konzept des "Gründervaters" Johannes Poethen war ebenso einfach wie effizient und nachhaltig: Alle lesen ihre neuen Gedichte vor und kritisieren sie - in der Sache knallhart, in der Form immer wertschätzend und freundlich. Aus diesem Anfang hat sich eine Lyrikergruppe entwickelt, die sich, der Tradition folgend, seither immer wieder zur "Gedichtputzete" nach dem Poethen-Verfahren trifft: Wir lesen reihum, und wer gelesen hat, hält den Mund, bis alle anderen etwas dazu gesagt haben. Nur "Gründervater" Johannes Poethen kann nicht mehr dabei sein. Vermutlich aber ist er es im Geiste...

Jetzt aber ein Sprung ins Jahr 2020: Der erste Lockdown nahm auch uns die physische Basis für gemeinsames Gedichteputzen. Wolfgang Brenneisen hatte die Idee, unsere Köpfe nach Fotografien als Briefmarkenserie zu gestalten. Er schickte mir Proben, ich gab sie weiter an Manfred Bartsch, Sybille von Bremen, Carmen Kotarski, Irma Rommel und Eva Christina Zeller. Alle steuerten etwas bei. Doch es dauerte. Und es dauert immer noch. Damit endlich einmal ein Ergebnis zu sehen ist, entstand diese Broschüre als "Zwischenschritt" auf dem Weg zur Ausstellung mit einer Vernissage, bei der alle lesen.

Die Ausstellung am "Tatort Schriftstellerhaus Stuttgart" sollte uns aus der Isolation holen und aktiv in einem kreativen Projekt verbinden, aber auch ein trotziges, buntes Zeichen der Lebensfreude setzen: Wir sind noch da! Die Auswahl sollte klein und streng konzentriert bleiben auf noch aktive Teilnehmer der Poethen-Runde von 1984. Zu jedem Porträt kommen zwei Textblätter: ein Gedicht aus den 80er Jahren und ein aktuelles, sowie eine Kurzbiographie. Poethen selbst führt natürlich den virtuellen Ehrenvorsitz: Der ausgewählte Auszug des Zyklus "ach erde du alte" aus dem gleichnamigen Gedichtband von 1981 ist von bestürzender Aktualität.

Widmar Puhl

Johannes Poethen (1928 - 2001)

Gründe⁻ der Gruppe. Geboren in Wickrath (Niederrhein)
Aufgewachsen in Köln, studierte Germanistik in Tübingen,
lebte in Stuttgart. Er war Leiter der Literaturredaktion im
SDR-Hörfunk und publizierte seit 1952 regelmäßig Lyr k.
Der Band "ach erde du alte" erschien 1981 bei Klett-
Cotta. https://de.wikipedia.org/wiki/Johannes_Poethen

ans ende der welt

ans ende der welt möcht ich mich setzen mit euch
eine höhe müsste es sein
über den sahnigen schafsweiden
drunten singt der talkessel

zu ende gestorben mutter sorge
mutter trauen eine busige amme
die angst im feuerofen

kein gelände für blindgänger
keines unter den luftwegen
kein tatort fürderhin

wir trieben die herden ums jahr
wir sängen ohne schreikrampf unser eigenes lied
wir genössen die luft
und zeugten mit ihr
etwas das lacht

1981

ach erde du alte

ach erde du alte
mit den tränensäcken
wies eitert aus den sieben bergen
wie es hungrig mit den köpfen wackelt
acht du alte trieferde
mir brennts im eingeweide
es rüttelt hinter den schläfen
dass ich nicht singen darf
ach erde du alte
wie gern tät ich dich preisen
als wärest dus noch
gottesgebärerin
was gibt es auch sonst
darauf zu wandeln
wenn schon zwischen öllachen
zwischen den schädlingen
zwischen dem kehraus wenn schon
ach erde du alte
was gibt es sonst für uns
gepriesen seist du
als obs dich noch gäbe
als ob du mich jetzt an die brust nähmst.

1981

Manfred Bartsch

wurde 1952 in Schorndorf geboren und lebt in Stuttgart. Veröffentlichungen in Anthologien und gemeinsamen Gedichtbänden als Mitglied der Gruppe WortRose.

schließe das Fenster
bereite Dich vor
falls Du nicht mehr ein
noch aus
kein Stein
auf dem andern
drunter und drüber
mit geschlossenen Augen
die richtige Richtung
für alle Fälle

1986

mit Schilf und Rosen
schmückt sich der Teich im Sommer
im Winter ruht er
verwilderte Tage
versmaßlos
klare Gedanken
versüßen die Nacht

2020

neue
deutsche
lyrik

60

sybille von bremen

Sybille von Bremen

Geboren 1956 in Bad Homburg. Studium der Theologie,
Germanistik und Psychologie. Lebt und arbeitet als
Psychotherapeutin in Tübingen. Veröffentlichungen in
Zeitschriften und Anthologien

Kinderszenen

Die Puppe. Der Bär.
Ein grüner Schuh.
Wer
auf den Kreis tritt
darf sich
nicht mehr bewegen.
Im See
liegt ein Schatz
und
ein geheimes Papier.
Die Fische
schwimmen im Mond.
Nachts
wandern Eisblumen
lautlos durchs Zimmer
beugen sich
über die Betten
erfrieren
Gesicht und Hände.
Vom Dachfenster aus
kann man
Amerika sehen.

1985

Wien. Hietzing

Die große Platane
atmet noch lange
die Nacht aus

vor der gelben Hauswand
tanzen Magnolienblüten
schütten ihr Licht
über den Garten

keine Winterkälte mehr
ein kleiner harter Wind noch
mehr nicht.

2018

Wolfgang Brenneisen

Geboren 1941 in Tilsit, aufgewachsen in Oberschwaben,
viele Jahre in der Region Stuttgart, jetzt an der Ostsee.
Lyrik, Prosa, Hörspiele, Ausstellungen.
https://de.wikipedia.org/wiki/Wolfgang_Brenneisen

So frisst die neue Zeit
sich in das Fell
der alten Erde, schlägt
Wunden in die Wälder,
schlitzt den Himmel auf.
Die Tiere kriechen
in die Löcher, um zu sterben.
Noch einmal stehn die Heiligen
wie blasse Herbstzeitlosen
auf den Wiesen -
dann weht ein giftiger
Wind, sengt alles
öd und kahl und leer.

1988

Ich Hammer!
Du Amboss.
Wo dein Gedicht?

2013

neue
deutsche
lyrik

60

carmen kotarski

Carmen Kotarski

Geboren 1949 in Mannheim, lebt in Stuttgart. Schreibt Lyrik und Prosaformen. Mehrere Buchveröffentlichungen, u.a. „Spanisches ABC" und "Ich war eine insgeheime Person". 1988 Thaddäus-Troll-Preis, 2010 zweiter Preis beim Irseer Pegasus.
https://de.wikipedia.org/wiki/Carmen_Kotarski

Saluti a Licata

Stille, oder Lärm
die Landschaft: gelbe Fläche gegen den Himmel,
unheilbar

hier sterben Katzen im Sprung

Agaven schlagen Schlangen in den Boden
Staub, Worte: trocken in den Ölgärten
das Meer, das Meer.

die Tage schmelzen. Felsengräber! kein Schatten
                                    unter der Erde

nachts, wie ein Bogen gespannt

1988

die Biene wühlt im Gedächtnis
Nachtkerze oder Frührose
nicht mehr drin vor lauter Gras
im lauten Tag

und wie Regen hänget doch
astlos das goldene Haar
von einer Birke herunter

diese eine Birke
ihr gegenüber
scheint die Sonne
ohne Schatten auf dem Gesicht
zu dieser einen Zeit

2020

Widmar Puhl

Geboren 1951 in Zell / Mosel. Studierte Literatur und Philosophie in Köln, lebt in Stuttgart. Hörfunkarbeiten, Essays, Gedichte (zuletzt „Suleikas rebellische Kinder", 2019). https://de.wikipedia.org/wiki/Widmar_Puhl

Eiszeit

Schon im Oktober fällt Schnee
Die Zugvögel kommen einfach nicht wieder
Stromausfälle häufen sich

Hysterisch toben die Katzen
Die Temperaturen fallen
Die Preise steigen

1983

Wanderbaustelle

Die Wanderbaustelle
taucht gern aus dem Nichts auf
und verschwindet auch wieder darin.
Sie ist ein Geheimnis

Wie die Wanderheuschrecke
ist die Wanderbaustelle
ein Schicksal: schrecklich dem Pendler,
plötzlich und unausweichlich

2020

Irma Rommel

1955 geboren, lebt in Schorndorf. Studium in Tübingen, Stuttgart und Esslingen. Grafik, Malerei und Lyrik. Lyrikgruppe um Johannes Poethen, Veröffentlichungen in Zeitungen und Anthologien.

frühe impression

I
zitternd grauer morgen
die erde tropfnass
fahnen klatschen im wind
wildgänse im tiefflug
über den dalben im hafen

II
sonntag noch weit
hinterm berg fahlfarben
der garten der schöpfstein
vereist
sacht fallen die flocken
in die kraft
der stille

1985

an einem tag wie heute
höre ich das meer wieder -
böen seit mittag
die fichte schüttelt die zapfen ab
dazwischen die ruhe verdächtig
bevor die ersten tropfen fallen
noch die sperlinge füttern
sie lieben das bad in der blumenschale
am samstag soll der herbst beginnen

2018

neue
deutsche
lyrik

60

eva zeller

Eva Zeller

1960 in Tübingen geboren. Lyrik, Theater, Prosa. Erhielt u.a. 1989 den Thaddäus-Troll-Preis. Im Verlag Klöpfer & Meyer erschienen fünf Gedichtbände, zuletzt „Proviant von einer unbewohnten Insel" 2020 (Klöpfer, Narr). www.eva-christina-zeller.de

Das Meer kennt kein Meer

das Meer kennt keine Tiefe
kein Blau kennt seine Wellen nicht
das Meer ist nicht stolz nicht
sanft und nicht bitter
schmeckt nicht den Wind nicht den Schaum
das Meer sieht keine Sonne
kein Land und kein Geröll
das Meer liebt nicht den Himmel
nicht den Mond
das Meer kennt sich nicht

1986

grabbeigabe

von den schwalben ein bisschen
ihre schnelle schrift am himmel
von den mauerseglern das fallen
die keine füße brauchen
im flug schlafen und lieben
wasser weil ich es nicht verstehe
meinen abgeschnittenen zopf
ein leeres blatt
einen zettel mit deiner handschrift:
äpfel brot milch

2016

Danksagung

Wir danken dem Verlag Klett-Cotta für die freundliche Genehmigung des Nachdrucks aus "ach erde du alte".
Für freundliche Unterstützung danken wir ebenfalls Astrid Braun und Moritz Heger, der Geschäftsführerin und dem Vorsitzenden des Vereins Stuttgarter Schriftstellerhaus.

Gruppenbild mit Damen